Les Accidents Agricoles

ET LA NOUVELLE LOI DU 15 DÉCEMBRE 1922

CONFÉRENCE

donnée à

l'Union des Syndicats Agricoles

de l'Ile-de-France

LE 24 JANVIER 1923

PAR

M. le Directeur de la Caisse Syndicale

d'Assurance Mutuelle

des Agriculteurs de France

LES ACCIDENTS AGRICOLES

ET LA NOUVELLE LOI DU 15 DÉCEMBRE 1923

CONFÉRENCE

donnée à *l'Union des Syndicats Agricoles*

de l'Ile-de-France

LE 24 JANVIER 1923

par M. le Directeur de la Caisse Syndicale
d'Assurances Mutuelles des Agriculteurs de France

I. — ETAT ACTUEL DU DROIT

A l'heure actuelle, en matière d'accidents du travail, l'Agriculture est soumise à deux législations différentes :

L'une est ce que l'on appelle le *DROIT COMMUN ;* elle comprend les dispositions des articles 1382, 1383, 1384 et 1385 du Code Civil ; l'autre est connue sous le nom de *RISQUE PROFESSIONNEL* et a été instituée par la *Loi du 9 Avril 1898*, qui est fondamentale.

1° Droit commun

Le Droit commun repose essentiellement sur l'idée de *faute ;* c'est la faute qui est la source de la responsabilité. Si un accident du travail est survenu par la faute du patron, par la faute des autres ouvriers (qui sont les préposés du patron), ou par le fait des animaux de l'exploitation, c'est le patron qui doit indemniser la victime ; autrement, non : pas de responsabilité sans faute; dès qu'il y a faute. responsabilité.

D'autre part, le Code Civil ne fixe aucune méthode pour l'appréciation du dommage ; aucune procédure pour arriver à sa réparation. Il laisse la victime et son débiteur en face l'un de l'autre se débrouiller comme ils le peuvent ; donc, pas d'autre issue que le marchandage entre le patron et la victime ou bien le procès.

Cette situation les assureurs s'en accommodent, puisqu'ils sont professionnellement des gens ayant la compétence voulue; par conséquent, ils aboutissent presque toujours à une transaction. Quand, par hasard, elle est obligée de plaider, la Société d'assurance possède un service de Contentieux qui a l'habitude de ces sortes d'affaires et sait se défendre utilement ; tandis que le patron non assuré, isolé en face du blessé qui habite presque toujours dans la même commune, est bien embarrassé et aboutit généralement, soit à une transaction, soit à une condamnation également onéreuse pour lui et après bien des tracas et du temps perdu.

2° Risque professionnel (Loi du 9 avril 1898)

L'autre législation est celle qui est applicable depuis 23 ans à l'industrie (loi du 9 avril 1898) ; depuis 16 ans au commerce (loi du 12 avril 1906) et depuis 8 ans à une partie des exploitations forestières (loi du 15 juillet 1914).

Cette législation a apporté dans la question des accidents une idée entièrement nouvelle ; elle écarte l'idée de faute qui disparaît absolument et, à cette idée de faute, elle substitue l'idée du *risque professionnel* que je vais résumer rapidement.

Le législateur s'est dit ceci : la faute est fatale de la part d'un ouvrier qui fait toute sa vie le même travail.

Comment voulez-vous qu'un homme qui est placé devant une machine-outil et qui fait le même geste à raison de plusieurs fois par minute, et cela pendant 10 heures par jour et pendant des années, comment voulez-vous que cet homme, à un moment donné, ne commette pas une imprudence ? Elle est la conséquence inévitable, nécessaire, fatale du travail auquel il se livre ; il y a donc un risque d'accident qui se trouve étroitement rattaché à la profession, un risque, qui est, pour ainsi dire, la conséquence de la profession, en un mot un risque professionnel. Dans ces conditions, n'est-il pas juste de faire pour les hommes ce que l'on fait pour le matériel ? Il suffirait de mettre au compte des frais généraux la « casse humaine » comme on met aux frais généraux de l'entreprise la « casse matérielle ».

C'est ce qui fut fait; seulement, comme on ne peut pas assimiler un homme à une machine, parce qu'un homme a tout de même des facultés de volonté et d'attention et qu'il peut, suivant l'emploi qu'il en fait, éviter ou non bon nombre d'accidents, la loi décide que la charge de ces accidents, conséquences du risque professionnel, serait supportée *pour moitié* seulement par le patron et que l'autre moitié resterait à la charge de la victime; c'est l'idée *du forfait* qui est l'idée fondamentale de loi de 1898.

Il s'ensuit que tout accident survenu pendant le travail ouvre, au profit de la victime, *un droit absolu* à indemnité et, pour le patron, une obligation non moins absolue de la payer ; que l'indemnité payée par le patron doit être égale à la moitié du préjudice subi par l'ouvrier.

Par exemple, si l'accident n'entraîne qu'une incapacité de travail purement temporaire, c'est-à-dire qui aboutit, plus ou moins vite, à la guérison *totale* de la victime, celle-ci doit recevoir, pendant la durée de cette incapacité, la moitié de son salaire — de *tout* son salaire, en argent et en nature.

Si l'accident entraîne une incapacité permanente, c'est-à-dire une infirmité, même partielle, mais qui durera aussi longtemps que l'ouvrier vivra, le patron devra, dans ce cas, payer à son ouvrier une rente qui sera égale à la moitié de la perte de salaire qu'entraîne pour lui l'infirmité dont il est atteint.

Une exception est faite à l'idée du forfait, du paiement par moitié, en ce qui concerne les frais médicaux et pharmaceutiques du traitement : ces frais sont *intégralement* à la charge du patron ; toutefois, celui-ci ne sera tenu de les payer que dans les limites du tarif légal fixé par un arrêté du Ministre du travail, après avis d'une commission nommée à cet effet et dont je fais d'ailleurs partie. Ce tarif est actuellement connu sous le nom de « Tarif Breton ». L'ouvrier ne peut réclamer à son patron pour ses frais de traitement une somme supérieure à celle fixée par ce tarif légal.

On voit que le régime de la loi de 98 ne ressemble en rien à celui du Code Civil.

Mais cette loi a introduit dans notre droit une autre nouveauté, au moins aussi importante par ses conséquences : elle a institué, pour le règlement des accidents de travail, *une procédure obligatoire :* aucun accident d'incapacité permanente ou de mort ne peut être réglé valablement qu'après une enquête du juge de paix et au moyen d'un procès-verbal dressé en présence du président du Tribunal Civil de l'arrondissement et avec son concours. Toute entente réalisée en dehors de ces conditions est absolument nulle et non avenue et entraîne, pour le patron, l'obligation de payer deux fois.

Or, vous ne pouvez pas, vous, patrons, échapper à cette procédure puisqu'elle se déclanche automatiquement : en effet, tout accident qui paraît devoir présenter des suites graves, doit être signalé obligatoirement par le maire au juge de paix ; le juge de paix procède immédiatement à une enquête sur les circonstances de l'accident, sur le montant du salaire touché par la victime, etc. ; puis il transmet le dossier au président du tribunal. Le Président convoque la victime et le patron devant lui et c'est seulement alors que ceux-ci peuvent procéder au règlement de l'accident. Comment cela se passe-t-il ?

L'ouvrier arrive avec un certificat de son médecin, librement choisi par lui ; ce certificat constate que l'ouvrier est atteint de telle infirmité (perte d'un œil, d'un avant-bras, etc..., ankylose d'un genou, d'une épaule, etc...), et qu'en conséquence sa capacité de travail se trouve réduite de 40, 50, 60, 80 pour cent. Si ce certificat n'est pas contesté, vous êtes obligé de payer une rente annuelle et viagère se montant à la moitié de la réduction ainsi fixée, c'est-à-dire à 20, 25, 30, 40 % du salaire *total* du blessé. Si le salaire total est de 5.000 fr., chiffre courant aujourd'hui, la rente à servir est donc de 1.000 fr., 1.250 fr., 1.500 fr., 2.000 fr. *par an*.

Si le Président ou le patron n'acceptent pas le certificat du médecin traitant, le Président ne peut que nommer un expert, c'est-à-dire un autre médecin, choisi par lui, qui examine à son tour le blessé, se renseigne auprès du médecin traitant, et dépose son rapport qui, souvent, confirme les conclusions du médecin traitant ou ne s'en écarte que faiblement. Vous avez alors, en outre, à payer les frais et honoraires de l'expert.

Impossible d'opérer autrement.

Vous voyez donc que le Droit Commun et le Code Civil sont des législations très différentes l'une à l'autre et sans aucune comparaison possible entre elles.

3° Répartition actuelle des deux législations

Actuellement comment sont réparties ces deux législations ?

La loi de 98 n'est applicable à l'agriculture, à l'heure présente, que dans les cas suivants :

Accidents causés par l'emploi des machines mues par des moteurs inanimés telles que : batteuses, moulins à vent ou à eau, moteurs à essence, à l'électricité, etc... (Loi du 30 juin 1899) ; industries annexes telles que : laiteries, féculeries, sucreries, fabriques d'alcool, etc... (Loi du 9 avril 1898) ; commerces annexes, de bestiaux, de grains, d'engrais, etc... (Loi du 12 avril 1906) ; forêts ou bois de plus de 3 hectares, exploités pour la vente. (Loi du 15 juillet 1914.

Dans tous les autres cas, c'est-à-dire dans l'immense majorité des cas, les agriculteurs ne sont assujettis qu'au *Droit Commun*.

La loi de 98 a tout de même donné des résultats intéressants, et il ne faut pas méconnaître ses bienfaits. Elle procure aux ouvriers victimes d'accidents du travail un soulagement réel ; elle leur donne le moyen de vivre ; d'autre part elle a été, finalement, bien acceptée par le monde patronal de l'industrie et du commerce. Elle contribue donc à maintenir la paix sociale.

Mais elle a donné lieu à des abus que je dois vous signaler.

4° Les abus

Les abus sont dûs à ce fait qu'ils créent en faveur de la victime un droit incontestable, c'est-à-dire que vous ne pouvez pas discuter. Il faut payer l'indemnité, et il faut que celle-ci soit égale à la moitié du préjudice subi par la victime. Dès lors, il est tout naturel qu'un blessé, connaissant ce droit, d'ailleurs renseigné et conseillé par ses camarades, par des voisins, par son médecin, cherche à tirer de son accident *tout le parti possible.*

Qu'est-ce qui arrive alors ?

A. — LES ABUS EN MATIERE D'INCAPACITE TEMPORAIRE

a) Diagnostics

Qu'un ouvrier se trouve atteint, pendant son travail, d'un lumbago, d'une douleur ; qu'une hernie lui survienne ; qu'une distraction un peu vive, un beau dimanche, lui laisse un cruel souvenir, vous sentez combien il est tentant pour lui d'écouter les conseilleurs et de faire passer cela pour un accident du travail.

Et c'est ainsi qu'on fait passer comme accident du travail tout ce qu'on peut : lumbago, orchites, efforts, hernies, etc.

b) **Prolongation de l'incapacité**

Un autre abus consiste à demander, pour le moindre bobo, à son médecin (qui ne peut que bien difficilement refuser) un certificat d'accident accordant 10, 15 jours d'incapacité temporaire ; ce certificat est envoyé à la Compagnie d'assurance qui paye le demi-salaire pendant 10 ou 15 jour, alors que l'ouvrier continue à travailler et, par suite, à toucher son salaire en entier. Le patron a tout intérêt à ne rien dire puisqu'il touche le demi-salaire de son assureur ; et le médecin est autorisé à venir voir le blessé 4, 5 fois, ou plus, aux frais du patron, ou plutôt de son assureur.

c) **Indemnité kilométrique**

Le Tarif Breton donne aux médecins le droit de réclamer une indemnité kilométrique de un franc par kilomètre parcouru en plaine et de 1 fr. 50 en montagne et dans les Régions libérées.

De quel point à quel point ?

De son domicile au domicile du blessé, ou bien du point où il quitte son itinéraire pour se rendre chez le blessé ? Or, vous savez que le médecin combine toujours sa tournée avant de partir de chez lui, et qu'il visite le blessé au cours de cette tournée il est bien rare qu'il se dérange exclusivement pour lui et qu'il aille le voir chez lui pour rentrer ensuite et aussitôt à son domicile.

Or, sur 100 visites déclarées par les médecins aux compagnies d'assurance, il n'y en a guère que 5 ou 6 qui soient des visites « en passant ».

B. — **ABUS EN MATIERE D'INCAPACITE PERMANENTE**

En matière d'incapacité permanente les abus sont d'un autre genre. Ils consistent en ce fait que l'évaluation de l'incapacité est forcément confiée à des médecins et que ceux-ci sont naturellement amenés à évaluer cette incapacité « in abstracto ». Par suite, toute diminution d'une partie quelconque du corps humain, serait-ce une petite quantité de la pulpe d'un doigt, constitue pour eux une diminution de l'intégrité physiologique du blessé et, par conséquent, une diminution de la capacité de travail. Or, rien n'est plus faux ; en fait, la plupart des petites infirmités n'ont absolument aucune influence sur le salaire du blessé. Celui-ci gagne toute sa vie le même salaire qu'avant ; ainsi, la rente qu'il touche ne compense aucun préjudice matériel.

Avec le Droit Commun, ces petites infirmités ne tiraient pas en conséquence et s'arrangeaient assez facilement. Avec la loi de 98 pas moyen, et vous êtes fatalement obligés de verser une rente. Or, ces petites infirmités sont excessivement nombreuses : sur sept cas d'incapacité permanente et de mort il y en a six qui n'en sont pas, si j'ose dire ; il y en a six qui n'entraînent dans la réalité, aucune diminution de salaire.

En Allemagne, où l'agriculture est depuis longtemps soumise à un régime analogue, les rentes ainsi attribuées sans cause ont pris un tel développement qu'on les appelle des « schnapsrenten » ce qui signifie « rentes de cabaret », c'est-à-dire des rentes qui servent uniquement à l'ouvrier pour aller boire.

En France, c'est le mot seulement qui nous manque, et non la chose, hélas ! Le même abus s'y est manifesté avec une telle intensité qu'on a vu se développer chez les blessés une hantise, une obsession qui a fini par engendrer une véritable affection pathologique ; on l'a appelée avec à-propos la « sinistrose ». Elle a été décrite avec autant d'autorité que de précision par le professeur Brissaud.

De tels abus coûtent effroyablement cher : si vous voulez bien tenir compte de ce fait que l'accident d'incapacité temporaire, sous le régime de la loi de 1898, coûte en moyenne 7.856 francs, vous constaterez, d'après ce que je viens de vous dire, que, rien que par le fait de l'application de la loi de 98 à l'Agriculure, vous allez voir, pour l'ensemble des assujettis, le nombre des accidents suivis de mort et d'incapacité permanente mis à votre charge, passer de un à sept et vous coûter 50.000 fr. au lieu de 8.000, ce qui constitue une aggravation vraiment énorme.

II. — LA SITUATION DE DEMAIN

Ce régime nouveau, dit du Risque professionnel, institué par la loi du 9 avril 1898, c'est lui, vous le savez, que la nouvelle loi du 15 décembre 1922 applique à l'Agriculture. Dans quelles conditions ? C'est ce que nous allons voir ensemble.

1° Le point de vue des grandes Associations agricoles. — A). Loi spéciale et complète.

Lorsqu'il s'est agi d'appliquer la loi de 98 à l'agriculture, les associations dont vous faites partie ne sont pas restées indifférentes. Elles avaient vu tout de suite combien l'organisation du travail diffère dans l'agriculture, de ce qu'elle est dans l'industrie et dans le commerce. Dans l'industrie, où les exploitations sont généralement groupées dans des villes ou dans des centres industriels, on peut surveiller les blessés et contrôler leur traitement dans une certaine mesure, d'ailleurs insuffisante, et enrayer les abus.

Dans la culture, au contraire, que voulez-vous faire ?

Les exploitations sont dispersées à travers la campagne, loin des chemins de fer, souvent à l'écart des chemins ; aucun contrôle médical n'est possible. Le patron lui-même n'a pas ses ouvriers groupés sous ses yeux, ou sous la direction d'un ingénieur ; le travail ne commence ni se termine à heure fixe ; il n'est pas concentré dans une usine, sur un chantier.

S'il arrive un accident, on est incapable, neuf fois sur dix, de savoir ce qui s'est passé.

L'ouvrier agricole est logé et nourri chez son patron, son travail dure toute la journée, toute la nuit ; les charretiers couchent dans l'écurie, et si les chevaux se battent la nuit, ce sont eux qui viennent mettre la paix.

Si l'un de vos ouvriers est blessé, vous continuez à le loger et à le nourrir ; il est donc injuste de lui payer encore son salaire en nature et en argent.

Voilà pourquoi *l'application pure* et simple de la loi de 1898 à l'agriculture est grave.

C'est pourquoi les grandes associations agricoles avaient toujours demandé que si l'on s'occupait de faire une loi sur les accidents du travail agricole, ce fût une loi spéciale et complète.

B. — POINTS PRINCIPAUX

Notamment les associations agricoles demandaient qu'en cas de réforme, cette réforme s'appliquât à toutes les exploitations agricoles sans aucune réserve, afin que tous les ouvriers agricoles blessés pendant le travail reçoivent une indemnité, quelle que soit l'exploitation dans laquelle ils travaillent.

Elles avaient demandé qu'on organisât le traitement médical de telle sorte qu'on pût éviter les abus.

Enfin, elles avaient demandé qu'on rendît possible la constitution d'un réseau d'assurance mutuelle à trois degrés par des mutuelles locales, régionales et centrales.

Je ne vous ferai pas l'historique de cette lutte des associations agricoles contre le Parlement ou le Gouvernement, cette lutte a été très fertile en incidents ; elle a duré 15 ans et a fini par aboutir au vote d'une loi qui porte le nom de loi du 15 décembre 1922 ?

2° La loi du 15 décembre 1922

Elle ne donne pas satisfaction aux si justes réclamations des Grandes Associations agricoles.

En effet, d'une part, bien loin de constituer une loi spéciale et complète pour l'Agriculture seule, elle n'est qu'une loi de référence à la loi du 9 avril 1898 sur les accidents du travail dans l'Industrie.

En outre, sur les trois réclamations principales de nos Associations, elle en néglige délibérément deux. En effet, elle n'assujettit au risque professionnel que les cultivateurs qui emploient au moins une personne à l'année.

Elle ne dit pas un mot de l'organisation du traitement médical.

A. — LES ASSUJETTIS

Ces deux points méritent un rapide examen.

Sur le premier, la loi s'exprime ainsi, dans le 1er alinéa de son article 1er : « La législation concernant les accidents du travail... est applicable... dans les exploitations agricoles de quelque nature qu'elles soient... »

Mais, dans le 2e alinéa du même article, elle ajoute : « Les exploitants qui travaillent d'ordi-» naire seuls ou avec l'aide de leur famille... » *ne sont pas assujettis* à la présente loi même s'ils » emploient *occasionnellement un ou plusieurs* col-» laborateurs, salariés ou non ».

Que veut dire « occasionnellement » ?

Je ne vois qu'un cas où un cultivateur emploie un ouvrier autrement qu'occasionnellement, c'est quand il l'emploie tout le temps. Ainsi, ce qu'on a voulu, c'est de n'assujettir à la nouvelle loi que les exploitants qui emploient au moins une personne à l'année.

Or, la grande statistique décennale agricole de 1892 donne le nombre des exploitations agricoles de 10 hectares et au-dessous ; ce nombre est de 4.852.000. On peut bien dire que dans ces exploitations on n'emploie certainement pas un ouvrier à l'année.

Je vois votre objection : Et les maraîchers ? Elle est juste, mais combien y a-t-il d'autre part des exploitations non maraîchères, et de plus de 10 hëctares où on n'emploie pas une seule personne à l'année.

En réalité on peut évaluer à 3 ou 400.000 seulement le nombre dès cutivateurs qui seront assujettis à la loi nouvelle et à plus de 5.000.000 ceux qui échapperont et qui resteront assujettis au Code Civil.

Les ouvriers n'auront droit à unè indemnité que s'ils travaillent dans une de ces 400.000 exploitations assujetties ; dan les 5.000.000 qui restent, ńon.

C'est une drôle de façon de régler la question et le législateur ne paraît pas s'être préoccupé beaucoup du sort des blessés. Mais que voulez-vous? Telle est la loi ; il n'y a plus qu'à s'incliner.

B. — LES TRAITEMENTS DES BLESSES
(Frais médicaux)

D'autre part, pour les frais médicaux, la loi est muette et paraît ignorer complètement les abus cités, ou tout au moins, s'en désintéresser. On aurait pu cependant envisager divers systèmes :

1°. — Le Forfait, qui consiste à établir un tarif médical forfaitaire comportant un prix invariable pour chaque sorte de blessure. Tantôt le prix sera trop gros, tantôt il sera trop faible, mais dans l'ensemble, cela pourrait aller. On a été obligé d'y renoncer parce que tout le corps médical s'est dressé contre ce système.

2°. — Supprimer le libre choix. — Exiger que le blessé soit traité par un médecin ou dans un établissement agréés par le patron. Mais les syndicats médicaux et les syndicats ouvriers s'opposent absolument à ce système et il est difficile de passer outre.

3°. — Organiser un service médical public : les médecins auraient été habilités par l'Etat pour traiter les blessés du travail ; ils auraient été pratiquement obligés de se conformer aux instructions reçues de l'administration, notamment en ce qui concerne les tarifs. Mais je ne suis pas étatiste pour un sou ; je ne saurai donc en vouloir au législateur d'avoir négligé ce troisième système.

4°. — Partager les frais de traitement entre l'ouvrier et le patron, chacun par moitié.

C'est le système que nous avions réclamé. Remarquez-le, il est strictement conforme à la base fondamentale de la loi qui repose tout entière sur le partage par moitié, entre le patron et le blessé, des charges résultant des accidents du travail, mais qui avait justement fait exception, pour les frais de traitement.

Bien entendu, nous ne sommes pas des sauvages, et il ne s'agissait pas de partager *tous* les frais de traitement, mais seulement ceux qui donnent lieu à des abus. Nous avions donc seulement demandé que le blessé garde à sa charge la moitié des frais de visite et de déplacement à partir de la 2ᵉ visite. Tous les frais de chirurgie : grands pansements, opérations, etc..., restaient à la charge exclusive du patron.

Cette idée avait été accueillie avec une certaine faveur, non seulement par les agriculteurs, mais aussi dans le monde médical.

Monsieur Chéron s'est opposé à l'incorporation de cette réforme dans la loi du 15 décembre 1922. Nous avons seulement une promesse de lui ; il a promis d'organiser le traitement médical dans l'agriculture au moyen d'une loi spéciale qu'il s'est engagé à déposer en présence de divers députés.

Mais, dès qu'il a été question de cela, l'Union des syndicats Médicaux, ayant appris les appréciations que Monsieur Chéron avait portées sur le rôle de trop de médecins en matière d'accidents du travail, a mené une charge tellement vigoureuse contre lui, qu'il n'est plus question de rien.

III. — ORGANISATION PROFESSIONNELLE DE L'ASSURANCE MUTUELLE AGRICOLE

1° Définition

Heureusement, sur le troisième point, la loi nous donne à peu près satisfaction. Son article II permet et prévoit la constitution de ce triple réseau de caisses locale, régionale et centrale, de la loi du 4 juillet 1900 dont nous parlions. C'est peut-être par lui que nous pourrons enrayer dans une certaine mesure, une partie des abus que nous avons exposés.

La loi impose d'ailleurs à ces mutuelles des contions « sine qua non ».

Elles consistent à peu près en ceci.

Ne pourront assurer les risques de la nouvelle loi:

1°.— Que les mutuelles qui auront des statuts à peu près conformes aux statuts-types qui paraîtront d'ici quatre ou cinq mois.

2°. — Que les mutuelles qui se soumettront au contrôle de l'Etat.

3°. — Que les mutuelles qui auront déposé, à la Caisse des Dépôts et Consignations, un cautionnement dont les règles sont déjà fixeés, mais dont je vous dirai seulement que le minimum est de 200.000 francs et le maximum de deux millions.

Vous savez que les Caisses régionales et centrales sont des sociétés d'assurance mutuelle liées entre elles par un contrat qui est un contrat d'assurance mutuelle.

Par conséquent, il est évident qu'on ne peut pas constituer de caisse centrale sans qu'il y aït des caisses régionales en nombre suffisant pour s'associer, et qu'on ne peut pas commencer à se constituer à une caisse régionale tant qu'il n'y aura pas au moins les 7 caisses locales prévues pour s'associer entre elles à cet effet.

On ne peut donc que commencer par la base, c'est-à-dire par les caisses locales.

Celles-ci sont des sociétés d'assurances mutuelles contre les accidents du travail, lesquelles auront cette caractéristique d'être des sociétés locales, c'est-à-dire à petit rayón et composeés uniquement d'exploitants du sol.

Ces caisses se constitueront en vertu de la loi du 4 juillet 1900, qui les dispense de toutes formalités de constitution (publicité dans un journal d'annonces légales, dépôt des statuts chez un notaire, etc...)

Elles se constituent comme les syndicats professionnels et suivant les dispositions de la loi du 21 mars 1884. Mais à partir du moment où elles sont constituées, elles doivent se conformer aux règles posées par le décret du 8 mars 1922 sur les sociétés d'assurance.

2° Les Caisses locales

A. — LEUR RAYON D'ACTION

Les caisses locales doivent avoir un rayon assez étroit pour que la surveillance réciproque que les assurés exercent les uns sur les autres soit constante et efficace, c'est-à-dire pour qu'elle empêche les abus.

Dans une commune où tout le monde se connaît, si un ouvrier est blessé, toute la commune le saura, ainsi que le temps qu'il est resté immobilisé. Par conséquent, il faut que le rayon des caisses locales soit peu étendu. Doivent-elles être strictement communales ?

En principe cela vaut mieux ; mais cela dépend aussi des régions ; c'est une question d'espèce et je n'insiste pas là-dessus.

B. — LEURS CADRES

Quels sont les cadres de la Caisse Locale ? Vous aurez toujours évidemment à choisir un secrétaire : il sera préférable, autant que possible, que ce secrétaire soit le même que celui de la locale-incendie, car il est déjà habitué au métier et vous facilitera beaucoup la besogne ; d'autre part il se trouvera ainsi mieux rétribué et, par suite, vous trouverez plus facilement des amateurs pour ce poste.

Mais en ce qui concerne le bureau, le Conseil d'administration, c'est un peu plus difficile, car vous savez que ses membres doivent être obligatoirement choisis parmi les sociétaires. S'ils sont les mêmes qu'à la caisse-incendie, tant mieux. Mais ce ne sera pas toujours le cas.

C. — FONCTIONS A REMPLIR

Quelles seront les fonctions du secrétaire de la Caisse locale ? Elles consistent d'abord à évaluer les risques et à les tarifier.

En matière d'incendie, c'est très simple, et on peut estimer les risques facilement parce qu'ils s'agit de risques visibles, concrets, matériels: une maison, une meule, des instruments aratoires, dont la valeur exacte peut être déterminée avec précision et facilement. D'autre part l'assurance incendie est organisée en France depuis plus de cent ans ; les tarifs basés sur d'aussi longues statistiques sont désormais à peu près fixés et connus, et leur application est aisée.

En matière d'accidents, il en va tout autrement. Évaluer le risque d'une exploitation agricole est fort épineux. Rien n'est plus variable, rien n'est soumis à des conditions plus diverses et plus changeantes.

Le risque varie à l'infini ; le tarif est donc extraordinairement complexe et excessivement délicat à manier. Il faudra donc que les secrétaires des caisses locales fassent un petit apprentissage.

Il faudra aussi qu'ils s'occupent du règlement des sinistres et ceux-ci seront fréquents. Dans les caisses locales du Finistère, pendant ces dix dernières années, il y a eu, constamment, une *moyenne d'un accident par an et par trois hectares*. Vous voyez que le service des sinistres en assurance-accident, ne ressemble en rien à ce qu'il est en matière d'incendie. Ils auront à tenir la comptabilité des caisses et la réassurance. Pour chaque opération de réassurance, un bordereau sera rempli par le secrétaire de la caisse locale et remis au réassureur.

D. — OBJET DES CAISSES LOCALES

La grosse question est de savoir si la Caisse locale devra accepter tous les risques ou seulement une partie. Il y a en effet deux solutions.

Devront-elles se contenter des risques d'incapacité temporaire (dont elles réassureront d'ailleurs la plus grande part) ou doivent-elles aussi accepter les risques d'incapacité permanente ou de mort, quitte à n'en garder qu'une part infime ?

Je crois que la première solution est la bonne.

D'abord les risques d'incapacité temporaire sont déjà extrêmement nombreux ; ensuite ils peuvent déjà être graves, par exemple les grandes brûlures, qui nécessitent des pansements formidables, qui coûtent quelquefois jusqu'à 300 francs chacun, et où le médecin passe 2 ou 3 heures, qui durent de longs mois, parfois plus d'une année, avant que le blessé puisse reprendre son travail. Avec de tels risques, les caisses locales auront déjà une charge assez lourde ; aussi je leur conseille de s'en contenter et même de réassurer au début, dans de larges proportions, les risques d'incapacité temporaire (au moins 7 ou 8 dixièmes).

E. — REASSURANCE

A qui les réassurer ? En principe, aux Caisses régionales (qui, d'ailleurs se réassureront elles-mêmes), mais, en attendant, à notre Caisse Syndicale, qui fera volontiers fonction de caisses régionales, jusqu'à ce que ces dernières aient pu être mises sur pied.

Comme les traités de réassurance que la Caisse Syndicale offrira seront résiliables annuellement, dès que les locales se sentiront assez fortes pour fonder une régionale, elles n'auront qu'à nous prévenir trois mois d'avance et nos traités seront résiliés.

La réassurance fonctionnera de la façon la plus simple : autant vous demanderez à votre réassureur de prendre de dixièmes des risques, autant il vous demandera de dixièmes des cotisations. Il vous donnera, en outre, sur les cotisations cédées, une commission, non pas égale à celle qu'il donne actuellement à ses propres agents, puisque vous aurez besoin de leurs concours technique, mais une commission très appréciable. Ce réassureur pourra alors réserver l'autre partie de la commission à ses propres agents et ainsi leur demander de vous aider de leurs conseils et même de leurs concours.

D'autre part, comme je vous l'ai dit, le risque d'incapacité permanente et de mort, très coûteux, ne peut être assuré par une société même locale que si elle dépose un cautionnement d'au moins 200.000 francs. Il vaut donc mieux les céder tout de suite intégralement, à une société qui pourra être la Caisse Syndicale, elle considérera les caisses locales comme l'un de ses agents indirects et pourra peut-être, sur ces risques, leur faire attribuer une seconde commission.

Ainsi, par ce jeu de la double commission obtenue de votre réassureur, vous pourrez rétribuer le secrétaire de votre caisse locale.

Si je ne conseille pas aux caisses locales de prendre les risques d'incapacité permanente et de mort, c'est aussi parce que, dans ces cas-là, l'ouvrier a une action directe non seulement contre son patron, mais contre l'assureur de son patron, quel qu'il soit. Vous sentez bien que pour se battre avec des médecins traitants ou des experts, discuter avec le juge de paix et le président, il faut être compétent, et l'on n'y arrive qu'après des années et des années d'études. Il faut posséder non seulement une compétence médicale, mais une compétence juridique.

F. — SUBVENTIONS

Enfin les caisses locales pourront recevoir des subventions si elles sont au-dessous de leurs affaires, et celles-ci pourront être égales à la moitié des primes payées par les assujettis volontaires.

Mais ne fondez pas trop d'espoir sur ces subventions qui seront très modestes en raison des disponibilités du budget. Songez qu'au dernier budget les crédits n'atteignirent que 1.300.000 fr. à partager entre toutes les caisses incendie, bétail, grêle et accidents (article 35 du budget 1922). Or, dans son rapport à la Chambre, mon ami M. Edouard Néron estimait à 144.000.000 de fr.

par an les crédits qui seraient nécessaires pour aider à plein les mutuelles accidents seulement.

G. — LES REGLEMENTS D'ADMINISTRATION PUBLIQUE

Je vous ai dit que les caisses locales qui assureront les risques de la nouvelle loi devront se conformer à un certain nombre de règles qui feront l'objet de règlement d'administration publique.

La Commission qui doit se charger de les rédiger a été constituée seulement le 16 janvier 1923 ; elle comprend un certain nombre de personnalités éminentes, des représentants des grandes associations et quelques modestes techniciens. Cette commission va commencer à fonctionner dans quelques jours.

Lorsqu'elle aura arrêté des avant-projets, ces avant-projets devront être soumis à la Commission d'Agriculture et à la Commission des Finances ainsi qu'à la Commission d'Assurance et de Préviyance Sociales de la Chambre. Ces commissions les examineront à leur tour ; quand elles auront fini elles renverront les projets au Ministre de l'Agriculture qui aura à demander l'avis des Ministres du Travail et des Finances.

Quand les trois ministres seront d'accord, le texte des règlements sera adressé au Conseil d'Etat. Le Conseil d'Etat nommera un Rapporteur, celui-ci étudiera le texte, fera son rapport, l'affaire sera inscrite au rôle, et la discussion en conseil durera un certain temps. Quand tout sera fini, le projet reviendra au Ministre, qui le soumettra à la signature du Président de la République.

Ce ne sera pas pour demain.

En tous cas, à quelque date que ces règlements paraissent, c'est seulement un an après leur apparition qu'ils seront applicables, et la loi du 15 décembre 1922 avec eux.

Tous les contrats d'assurance ayant pour objet les risques de la nouvelle loi sont nuls de plein droit s'ils ont été passés et signés avant l'apparition de ces décrets. Il est donc difficile de fonder des

Caisses locales auparavant, puisque les Caisses locales ne sont que des associations d'assurés.

Comment faut-il faire pour en sortir ?

H. — QUE FAIRE ACTUELLEMENT ?

On peut en sortir par le moyen que voici :

Constituez donc dès maintenant des caisses locales en faisant signer, à tous les cultivateurs qui voudront y adhérer, des contrats d'assurance de *droit* commun, puisque c'est le *droit commun* qui est encore en vigueur jusqu'en 1924. Faites signer tout de suite des contrats d'assurance *droit commun* à tous les cultivateurs disponibles et vos caisses seront constituées.

Le jour où les décrets paraîtront, vous convoquerez vos assurés, vous modifierez les statuts de vos caisses locales et les contrats de ceux des membres des caisses locales qui se trouveront assujettis à la nouvelle loi, mais au moins, vos caisses locales étant constituées, vous n'aurez plus de modifications à faire : le recrutement de vos caisses locales se trouvera assuré de suite.

3° Les Caisses régionales
A. — QUAND LES CONSTITUER ?

Une Caisse régionale est une association de caisses locales qui se réassurent entr'elles. Il faut tout de même que les fonds recueillis par ces caisses régionales soient suffisants pour couvrir leurs frais généraux. Il faut bien que ces caisses rétribuent leur personnel, si réduit soit-il ; qu'elles payent leurs imprimés, leur loyer, etc...

On ne poura constituer une caisse régionale qu'au moment où les frais généraux ne représenteront qu'une partie peu importante, 30 % par exemple, de leurs recettes : autrement elles ne pourront lutter contre la concurrence des grandes compagnies, dont les frais généraux sont très réduits, en raison même de l'importance parfois énorme de leurs recettes et qui ont des réserves telles que leur produit annuel les met à même de faire l'assurance à prix coûtant.

D'ici-là, la Caisse Syndicale est, comme je l'ai dit à votre entière disposition. Elle est elle-même spécialisée dans les accidents agricoles depuis plus de 20 ans et elle est animée de sentiments et d'idées économiques et sociales qui sont absolument les vôtres. Elle vous réassurera ce que vous voudrez, à la seule condition que vous vous mettiez d'accord avec elle sur les tarifs à appliquer.

Si, au bout de quelques années, votre moyenne d'accidents est normal et que, cependant, le coût moyen de l'accident est peu élevé, rien ne vous empêchera de baisser vos tarifs ou de conserver une plus grande partie de vos risques.

B. — LEUR ROLE

Les caisses régionales ne seront pas seulement des réassureurs, elles auront un autre rôle à jouer. Vous pourrez, grâce à leur personnel, exercer une active propagande et promouvoir de nouvelles caisses localees, comme aussi surveiller, guider et instruire celles qui existent déjà.

Dès que vous aurez une caisse régionale organisée, vous augmenterez rapidement le nombre et la force des caisses locales.

J'en viens à un dernier point qui est vital : il faut que partout où vous le pourrez, vous fondiez des caisses locales, mais il faut partout *un homme compétent* pour les mener ; si vous avez à la tête de chaque locale un homme capable, cette œuvre marchera, sinon elle croulera.

Là où vous n'en aurez pas, cherchez-le, vous le trouverez plus souvent que vous ne le croyez.

4° Caisse centrale

Quant à la caisse centrale, la Caisse Syndicale est toute désignée pour remplir ce rôle et c'est pourquoi vous me permettez de ne pas insister sur ce point.

www.ingramcontent.com/pod-product-compliance
Ingram Content Group UK Ltd.
Pitfield, Milton Keynes, MK11 3LW, UK
UKHW022341170726
13837UKWH00005BA/2342